AF357878

CATALOGUE

D'UNE COLLECTION

D'OBJETS DE LA CHINE

ET DU JAPON

PORCELAINES ANCIENNES, CÉLADONS

ÉMAUX CLOISONNÉS, LAQUES

Cristaux de roche, anciennes Faïences, Soieries anciennes, etc.;

DONT LA VENTE AUX ENCHÈRES PUBLIQUES AURA LIEU

HOTEL DES COMMISSAIRES-PRISEURS

Rue Drouot, n° 5

SALLE N° 3

Le Mercredi 24 Janvier 1866

A UNE HEURE & DEMIE PRÉCISE

Par le ministère de Me **CHARLES PILLET**, Commissaire-Priseur,
rue de Choiseul, 11,

Assisté de **M. FEBVRE**, Expert, rue Laffitte, 12,

CHEZ LESQUELS SE DISTRIBUE CE CATALOGUE.

EXPOSITION PUBLIQUE

Le MARDI 23 Janvier (veille de la Vente), de 1 heure à 5 heures.

PARIS

RENOU & MAULDE

IMPRIMEURS DE LA COMPAGNIE DES COMMISSAIRES-PRISEURS
Rue de Rivoli, 144

1866

CATALOGUE

D'UNE COLLECTION

D'OBJETS DE LA CHINE

ET DU JAPON

PORCELAINES ANCIENNES, CÉLADONS

ÉMAUX CLOISONNÉS, LAQUES

Cristaux de roche, anciennes Faïences, Soieries anciennes, etc.;

DONT LA VENTE AUX ENCHÈRES PUBLIQUES AURA LIEU

HOTEL DES COMMISSAIRES-PRISEURS

Rue Drouot, n° 5

SALLE N° 3

Le Mercredi 24 Janvier 1866

A UNE HEURE & DEMIE PRÉCISE

Par le ministère de **M° CHARLES PILLET**, Commissaire-Priseur,
rue de Choiseul, 11,

Assisté de **M. FEBVRE**, Expert, rue Laffitte, 12,

CHEZ LESQUELS SE DISTRIBUE CE CATALOGUE.

EXPOSITION PUBLIQUE

Le Mardi 23 Janvier (veille de la Vente), de 1 heure à 5 heures.

PARIS

RENOU & MAULDE

IMPRIMEURS DE LA COMPAGNIE DES COMMISSAIRES-PRISEURS

Rue de Rivoli, 144

1866

CONDITIONS DE LA VENTE

———

Elle sera faite au comptant.

Les Acquéreurs paieront, en sus des adjudications, CINQ pour CENT applicables aux frais.

DÉSIGNATION

DES OBJETS

ÉMAUX CLOISONNÉS DE LA CHINE

1 — Grand Ting rectangulaire en émail cloisonné, fond turquoise ; il est supporté par quatre pieds ronds décorés de grecques et de palmettes ; chaque face porte l'emblème de la Vigilance ; au coin sont des arêtes saillantes en cuivre doré ; la partie supérieure et le couvercle en dôme sont ornés de cinq frises parmi lesquelles une avec chauve-souris et une autre à jour ; une chimère jouant avec une boule domine cette belle pièce.

2 — Grand vase en émail cloisonné, à grosse panse ; il est orné de trois frises, de larges fleurs et de feuillages en émaux de couleur sur fond turquoise ; anses en cuivre doré, avec mufles-de-lion tenant des anneaux.

3 — Deux petites Jardinières de forme rectangulaire, coins lobés, partie en cuivre gravé et doré, partie en émail cloisonné avec rinceaux et bouquets de fleurs.

4 — Petite Jardinière en émail cloisonné, fond turquoise décoré de marguerites de tons variés et de branchages ; anses à têtes de dragons et animaux également cloisonnés.

5 — Grand Plat creux en émail cloisonné, d'une époque très-ancienne; le fond représente le dragon impérial entouré de flammes et d'animaux fantastiques; le bord offre d'autres petits dragons; le revers est orné de deux frises et de fleurs.

6 — Porte-bouquet applique en émail cloisonné, fond turquoise, sur lequel se dessinent en émaux de couleur des frises, des fleurs et des rinceaux.

PORCELAINES ANCIENNES
DE LA CHINE ET DU JAPON

7 — Belle garniture en porcelaine de Chine, du règne de Kïen-Long, composé d'un ting, de deux flambeaux et de deux vases à cols évasés. Très-riche décor en émaux de couleurs offrant des rinceaux, des fleurs variées et plusieurs frises grecques et autres, fond vert turquoise.

8 — Belle Potiche en porcelaine du Japon, à huit pans, avec encadrements fond bleu à rehauts d'or, entourant des médaillons d'oiseaux, de plantes et d'arbres.

9 — Vase cylindrique en chine de l'époque des Myngs. Beau décor offrant un empereur assis sur son trône; à sa gauche sont ses grands dignitaires; à sa droite, ses femmes et quelques serviteurs; autour du col sont des médaillons de fleurs et des trophées d'armes.

10 — Vase au cornet. Très-beau décor de la famille Verte, offrant trois frises; celle du milieu avec meubles, vases et divers accessoires; les autres avec arbres, oiseaux et fleurs variées.

11 — Vase avec couvercle, à panse aplatie et à côtes ondu-
lées. Beau décor en émaux de couleur offrant une palis-
sade dominée par un saule pleureur, puis des tiges de
fleurs, pâquerettes, chrysanthèmes et autres.

12 — Deux vases avec couvercles de forme ovoïde, décor
de branches, de fleurs et d'oiseaux en émaux de couleur
sur fond blanc.

13 — Petit vase en japon, décor bleu et rouge de fer,
offrant des fleurs, des frises et des pélicans.

14 — Bassin en ancien chine, décoré de fleurs, d'ar-
bustes et d'oiseaux en émaux de couleur, avec rehauts
d'or.

15 — Deux jardinières de forme rectangulaire, décorées de
bandes bleues, à fleurs encadrant des médaillons à bouquets émaillés sur fond jaune.

16 — Une jardinière en chine, de forme hexagone; sur
chaque pan sont des personnages chinois en émaux de
couleurs.

17 — Deux autres plus petites, même genre de décor que
les précédentes.

18 — Deux charmants sucriers avec couvercles et plateaux.
Ils sont de forme hexagone et décorés de médaillons de
personnages chinois (scènes de la vie privée). Ces médaillons sont encadrés d'ornements dorés bordés de
filets rouges.

19 — Grand saladier de la famille Verte; l'intérieur et l'extérieur décorés de frises et de paysages dans lesquels
voltigent des oiseaux.

20 — Vase à large couvercle. Beau décor de la famille
Verte offrant sur le couvercle et sur la panse des branches d'arbres, des fleurs, des oiseaux.

21 — Très-beau vase de Chine, à panse aplatie et à côtes,
fond violet craquelé et céladoné; sur une des faces sont
des meubles et des vases; sur l'autre, trois animaux
chimériques; anses à trompes d'éléphants.

22 — Vase ayant la forme de deux vases accolés. Très-
bel émail jaspé violet, gris et jaune; anses à trompes
d'éléphants.

23 — Vase de forme cylindrique s'élargissant à sa partie
supérieure. Très-beau céladon chamois très-finement
craquelé; anses à trompes d'éléphants soutenant des
anneaux; le tout sous émail.

24 — Vase cylindrique en chine, d'un décor original, offrant quatre frises et des médaillons de fleurs; le tout
se détachant sur un fond d'imbrications en rouge de
cuivre.

25 — Potiche à couvercle, en porcelaine de Chine; la
panse décorée en émaux de couleur d'une grande quantité d'hommes, de femmes et d'enfants chinois célébrant
une fête.

26 — Vase à col étranglé de la Chine. Fond gris décore en
émaux de couleur, de deux frises, personnages grotes-
ques.

27 — Vase élevé, à goulot étroit, orné en émaux de couleur de quatre frises à branches de fleurs et de pélicans.

28 — Vase de forme basse, à grosse panse; très-beau décor
en émaux de couleur, offrant des fleurs et un rocher
sur lequel est perché un oiseau, dans les airs voltigent
d'autres petits oiseaux.

29 — Vase à huit pans; chaque partie est décorée en émaux
de couleur, de fleurs et de rinceaux; tous séparés d'encadrements saillants fond fleuri; beau décor de tons
variés parmi lesquels domine le rose; couvercle avec
chimère accroupie.

30 — Très-beau plat de la famille Verte orné de neuf
bouquets de fleurs formant médaillons encadrés.

31 — Autre plat de la famille Verte; magnifique décor
offrant dix-huit médaillons avec fleurs, papillons et animaux chimériques.

32 — Pot et sa cuvette en chine, très-belle et ancienne
qualité, le pot est décoré en émail de couleur, de branches de fleurs sur lesquelles sont perchés des oiseaux;
la cuvette offre le même décor au centre, et de belles
frises à l'intérieur et à l'extérieur.

33 — Deux jardinières en chine de forme hexagone, décorées de fleurs, de papillons et de deux frises; le tout en
émail de couleur.

34 — Beau vase en porcelaine de Chine; très-ancienne qualité de l'époque des Myngs. Ce vase à quatre faces est
orné de sujets à personnages représentant des tournois
et le palais d'un empereur. Très-belle qualité.

35 — Bouteille fond bleu turquoise; décor gravé sous
émail offrant au col une frise à palmettes, au centre
de branches de fleurs; en bas, une feuille d'eau.

36 — Bouteille à double panse en porcelaine céladonée
craquelée, fond verdâtre; ancienne qualité avec marque
au revers.

37 — Deux charmants vases de Chine à six pans formant
des médaillons à personnages chinois en émaux de couleur. (Scènes de la vie privée.)

38 — Vase à col droit de la Chine ; fond céladonné vert d'eau, décoré de frises et d'ornements gravés sous émail.

39 — Deux beaux vases en chine à cols évasés, les cols et les panses ornés en émail de couleur de deux sujets représentant des jeux d'enfants ; très-belles et anciennes qualités.

40 — Potiche en japon à grosse panse, de forme octogone ; elle est décorée ainsi que son couvercle de bouquets de fleurs en bleu sur fond blanc.

41 — Deux grands cornets en porcelaine du Japon à cols évasés ; décor bleu avec grande quantité de médaillons, de paysages et de bouquets de fleurs.

42 — Vase de forme ovoïde ; beau décor bleu lavé offrant un rocher, des branchages et des oiseaux.

43 — Jardinière en chine de forme hexagone ; les six pans offrent des bouquets de fleurs en émaux de couleur, tous encadrés par des médaillons saillants également ornés de fleurs.

44 — Vase à col étranglé de la Chine, orné de trois frises rouge de fer, l'une à dragons, les autre à grecques. Raies de cœur et palmettes se détachant en saillie sur un fond céladonné et craquelé.

45 — Grand plat creux en chine émaillée en couleur et or ; au centre, une habitation chinoise, avec femmes et enfants.

46 — Grand aquarium en porcelaine de Chine, décor bleu ; au fond est un village chinois avec pont ; sur les côtés, sont des branches d'arbres.

47 — Un autre plus petit, même genre de décor que le précédent.

48 — Plat de la famille Verte; au centre, un buisson fleuri autour duquel voltigent des oiseaux.

49 — Grand plat en porcelaine du Japon; au centre, vase contenant des fleurs; sur les bords, encadrements bleus, avec marguerites et autres fleurs.

50 — Autre grand plat, même porcelaine; beau décor avec corbeille de fleurs entourée d'une frise circulaire et de branches d'arbres.

51 — Deux jolis plats en porcelaine de Chine; au centre, oiseau voltigeant au-dessus de tiges de fleurs, les bords avec huit petits médaillons de bouquets se détachant sur un fond bleu perse.

52 — Un peigne en porcelaine de Chine bleu turquoise.

53 — Chaufferette en porcelaine du Japon, décor bleu à fleurs ; sur les côtés et sur le dessus sont des quadrilles à jour.

54 — Deux Jardinières à six pans, décor bleu sur fond blanc, avec paysages et bouquets de fleurs.

55 — Grande Vasque ou Jardinière décorée de fleurs et de frises bleues.

56 — Autre Jardinière, même genre que la précédente, mais plus petite.

57 — Jolie Théière en porcelaine de Chine, fond en partie doré encadrant deux médaillons avec personnages chinois. (Scène de la vie privée.)

58 — Autre Théière, même genre de décor que la précédente; fond rouge de cuivre à croisillons d'or.

59 — Brûle-Parfums en céladon craquelé olivâtre, pied en bois de fer, couvercle à jour en bronze doré.

60 — Bol de forme évasée en céladon craquelé, décoré d'une frise et de bouquets bleus.

61 — Vase forme balustre en céladon vert craquelé, anses à chimères.

62 — Vase en ancien céladon craquelé, sur lequel se détachent en relief trois petites frises d'ornements en biscuit brun.

63 — Deux Vases en céladon craquelé fond vert d'eau ; anses à chimères se détachant à jour.

64 — Vase à cul élevé en céladon calbocé ; fond café au lait.

65 — Porte-Bouquet en chine, décor extérieur imitant le bois de Maoni.

66 — Très-grande et belle Jardinière en porcelaine de Chine décorée en bleu de médaillons de fleurs ; pièce fracturée.

67 — Une autre plus grande et même genre de décor que la précédente, mais avec parties laquées représentant des oiseaux.

68 — Deux grandes Potiches à couvercles en porcelaine de Chine, fond bleu Perse avec réchauds d'or.

69 — Surtout à dessert en porcelaine de Chine émaillée en couleur, composé d'un plateau de huit pièces à couvercles et d'un sucrier formant milieu ; le tout d'un riche décor.

70 — Deux beaux Plats décorés en émaux de couleur ; au centre, des roses et des oiseaux, sur les bords d'une frise cachemire dentelée.

71 — Bol décoré à l'intérieur de médaillons avec mandarins.

72 — Deux très-beaux Plats, décor émaillé en couleur, avec sujets représentant un empereur assistant à une course de chevaux.

73 — Deux Plats plus petits, même décor que les précédents.

74 — Cinq Compotiers chine, décor émaillé avec bouquets de roses ; les bords dentelés.

75 — Plat émaillé en couleur, offrant au centre divers vases et des accessoires.

76 — Une Jardinière à six pans en ancien chine émaillé, avec encadrements de médaillons à corbeilles de fleurs.

77 — Deux Plats émaillés ornés de corbeilles de fleurs.

78 — Un autre semblable aux précédents.

79 — Deux plats japon décorés de médaillons. de fleurs rouge et or, avec encadrements bleu clair.

80 — Deux grands plats chine, le fond avec arbuste sur lequel est perché un oiseau, bord avec frise.

81 — Petit bol en porcelaine de l'époque des Kien-Long, l'intérieur vert turquoise ; l'extérieur avec arabesques et fleurs en émaux de couleur sur fond gros bleu.

82 — Deux petits plateaux en céladon vert d'eau craquelé.

83 — Deux petits plats à bords festonnés en céladon vert, avec ornements gravés sous émail.

84 — Plat creux en ancien céladon craquelé, café au lait.

Cristaux de roche.

85 — Trois chimères en cristal de roche, travail chinois.

86 — Petit vase porte-bouquet en cristal de roche, ayant la forme d'un tronc d'arbre entouré de branches et de fruits de pêcher détachés à jour; traval chinois; belle matière; petit pied en ivoire sculpté et teint, imitant le corail.

87 — Autre porte-bouquet en cristal de roche plus grand que le précédent et même genre de travail, pied en bois de fer sculpté.

88 — Vase en cristal de roche à panse aplatie et à quatre pieds reposant sur un socle attenant pris et sculpté dans la masse; le socle offre des arabesques à jour, le vase est orné d'autres arabesques gravés.

Faïences.

89 — Grand vase à couvercle, en faïence de Nevers, beau décor bleu offrant des sujets mythologiques.

90 — Deux veilleuses en faïence de Delft décorées de personnages chinois; anses à têtes de moutons.

91 — Deux plats en faïence de Lorraine décorés de fleurs quelques-unes gaufrées.

92 — Plat en faïence de Marseille, décor de fleurs.

93 — Figurine en faïence de Saint-Rambert : Petite Jardinière pleurant la perte d'un pot de fleurs qu'elle vient
de casser.

94 — Quatre figurines en faïence de Nevers : Les Quatre
Saisons.

95 — Trois autres figurines en faïence de Nevers : Un Jeune
Garçon tenant un chat-huant ; Petite Fille embrassant un
oiseau, et Jeune Fille pleurant la perte du sien.

Laques.

96 — Grand et beau plat en laque noir, avec décor en relief et en or de plusieurs tons, offrant au centre un
oiseau fantastique, et, sur le bord des branches, des
fruits et de larges feuilles.

97 — Vase à porter les feuilles de thé, à quatre poignées ;
ancien laque noir décoré de fleurs, de fruits et de nuages,
le tout en or ; les poignées sont montées en cuivre ci-
selé ; pièce curieuse par la forme.

98 — Charmant tabouret, ou support de potiche en laque
noir, richement décoré en or et en relief, de fleurs, de
fruits, de paysages et d'animaux.

Anciennes Soieries.

99 — Un lot d'anciennes soieries en damas vert.

100 — Ancienne tenture en soie mauve ornée de broderies
à la main représentant des feuillages et des fleurs.

101 — Ancienne tapisserie flamande représentant des joueurs de boules, d'après Téniers.

Longueur, 4^{m}50 ; hauteur, 3^{m}50.

102 — Deux écrans en crêpe de Chine, fond bleu avec paysage et oiseaux brodés.

103 — Sous ce numéro, les objets omis.

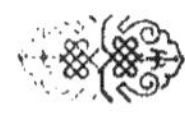

Renou et Maulde, imprimeurs de la Compagnie des Commissaires-Priseurs, rue de Rivoli, 114.   49197

[illegible]